AF314364

STATVT

ET

REGLEMENT

GENERAL

POUR LES TEINTURES EN GRAND
& bon Teint des Draps, Serges & Estoffes de Laine, uniformement, qui se Manufacturent dans le
Royaume de France.

Verifiez en Parlement le treiziéme Aoust 1669.

A PARIS,

Chez FREDERIC LEONARD, Imprimeur ordinaire
du Roy, de la Cour de Parlement, & de la Police,
ruë S. Jacques, à l'Escu de Venise.

M. DC. LXIX.

Avec Privilege de sa Majesté.

STATVTS, ORDONNANCES ET REGLEMENS,

Que Sa Majesté veut estre observez par les Marchands Maistres Teinturiers, en grand & bon Teint des Draps, Serges & autres Estoffes de Laine, de toutes les Villes & Bourgs de son Royaume.

PREMIEREMENT.

L E S Corps & Communautez des Marchands Maistres Teinturiers du grand & bon Teint de toutes les Villes & Bourgs du Royaume, seront composez indifferemment de tous les Maistres qui ont esté receus audit Art, ou qui l'exerçoient en vertu des Lettres Patentes & Privileges que sa Majesté & ses Predecesseurs Roys leurs avoient concedées ; Et en consequence de ce, ils continuëront l'exercice dudit Art paisiblement & sans aucun trouble, à la charge de faire inscrire leurs noms & qualitez de Maistres, tant sur le Registre des Juges des lieux de leur demeure, qui ont droit de connoistre de la Poli-

Corps & Communautez.

ce des Arts & Manufactures, que sur celuy de leur Communauté un mois aprés la publication des presens Statuts & Reglemens; aprés lequel temps, ils ne pourront exercer ladite Maistrise sans la permission desdits Juges de Police, ou sans faire les Aprentissages, & Chef-d'œuvre, en la maniere qui sera dite cy-aprés, & toutes autres personnes que les Maistres Teinturiers, sans exception, ne pourront s'immiscer de Teindre aucunes Estoffes & Marchandises de Laine de quelque couleur, & pour quelque cause que ce soit, à peine contre les Contrevenans de confiscation desdites Estoffes, & de trois cens livres d'amende; Et parce que dans la Ville de Paris il n'y a presentement que trois Teinturiers appellez du grand & bon Teint des Manufactures de Laine, lequel nombre, n'est pas suffisant pour satisfaire au dessein qu'a sa Majesté d'augmenter le travail de la grande & bonne Teinture, & de la porter dans sa plus haute perfection, il sera permis à trois autres Teinturiers qui seront choisis & nommez par le Lieutenant du Prevost de Paris pour la Police de Teindre en grand & bon Teint, les Manufactures de Laine, en faisant par eux au prealable, le Chef-d'œuvre de ladite grande & bonne Teinture, & prestant le serment en la maniere accoustumée de bien & fidellement exercer ledit Art de la grande & bonne Teinture suivans les presens Reglemens & Statuts : Comme aussi que dans toutes les Villes Capitales des Provinces du Royaume, où il y aura moins de trois Teinturiers du bon Teint en Manufactures de Laine, il sera choisi & admis par le Juge de Police des Teinturiers du petit Teint des plus capables, le nombre qu'il faudra pour parfaire celuy de trois Teinturiers du bon teint (si tant en est besoin) à la charge de faire aussi par eux, comme dit est, le Chef-d'œuvre de la Teinture du bon Teint, de renoncer à la Teinture du petit Teint, & de prester le serment de bien & fidellement exercer l'Art de la bonne Teinture, suivant lesdits presens Reglemens; Tous lesquels Teinturiers qui seront admis (comme dit est) au grand & bon Teint, feront partie du Corps & Communauté des Teinturiers du grand & bon Teint, ainsi que les autres Maistres dudit Corps, ausquels & à tous autres seront faites deffences de les troubler ny l'empescher en l'exercice de ladite Teinture du grand & bon Teint, à peine de quinze cens livres d'amende.

II.

II.

Et comme il y a pluſieurs Corps de Teinturiers en differentes Villes du Royaume, qui ſont à preſent gouvernez par les Maiſtres & Jurez ; ſçavoir, les Teinturiers en grand & bon Teint des Manufactures de Laine, & les Maiſtres Teinturiers du petit Teint ; ce qui cauſe beaucoup de Procez, de deſordres & d'abus ſur le fait deſdites Teintures, au prejudice du public. Pour à quoy remedier en chacune deſdites Villes, les Teinturiers en grand & bon Teint des Manufactures de Laine, feront une ſeule & meſme Communauté, & ceux du petit Teint une autre Communauté ſeparée ; Et en conſequence de ce, les Maiſtres Teinturiers du grand & bon Teint ne pourront Teindre en petit Teint ; ny les Teinturiers du petit Teint ne pourront auſſi Teindre en grand ny bon Teint, ny meſme en Bleu, attendu que le Gueſde de Paſtel n'eſt attribué qu'aux Maiſtres Teinturiers du bon Teint, ny auſſi ne pourront loger pluſieurs enſemble en meſme Maiſon, ou tenir meſme Boutique, s'ils ne travaillent de meſme travail, & ſemblable Teinture ; Et encore les Teinturiers du petit Teint n'auront des Cuves en leurs Maiſons ou Boutiques, mais ſeulement des Chaudieres de Cuivre, ſuivant leur ancien uſage : A peine de cent cinquante livres d'amende, & d'interdiction de la Maiſtriſe.

Diſtinction des Corps & Communauté.

III.

Pour maintenir d'autant plus leſdits Maiſtres Teinturiers du grand & bon Teint dans l'union & la bonne intelligence en laquelle ils doivent vivre, & pour tenir la main à l'execution des preſens Statuts & Reglemens, ſera nommé par chacun an, à la pluralité des voix, le meſme jour que les Elections ont eſté cy-devant faites ; Et pour les lieux où n'en a encore eſté fait à tel jour qu'ils adviſeront bon eſtre, un Maiſtre Juré Teinturier du bon Teint, lequel preſtera le ſerment pardevant les Officiers de la Police du lieu de ſa demeure, de bien & deuëment exercer ladite Charge pendant une année, aprés l'expiration de laquelle en ſera eſleu un autre en ſa place de meſme qualité, & ainſi ſucceſſivement les années ſuivantes le meſme ordre ſera toûjours gardé. Enjoint audit Juré de bien & fidellement faire ſadite Charge, de rechercher en faiſant ſes viſites les Contraventions qui pourroient eſtre faites auſdits preſens Reglemens & Statuts, & d'en faire ſon rap-

Iurez.

B

port pardevant lefdits Officiers de Police, en la maniere accouftumée, fous peine d'interdiction de la Maiftrife.

IV.

ET pour eftablir d'autant plus les Teintures en leur perfection,
& faciliter les moyens de defcouvrir les abus qui s'y peuvent commettre, aux defpens de la Communauté defdits Teinturiers du
grand & bon Teint, & à la diligence du Juré qui fera en Charge,
quinze jours aprés fon eflection, en la prefence des Officiers de
Police, & des Maiftres & Gardes de la Marchandife de Draperie
qui feront auffi en Charge, il fera Teint en bon Teint, de douze
fortes de couleurs, douze morceaux de Draps de Valongne, ou de
Berry, ou autre d'égale qualité de demie aulne chacun, qui leur
feront fournis par les Maiftres & Gardes de la Draperie, aux defpens de leur Communauté : Sçavoir; En Noir de Garence,
Minifme Rouge de Garence, couleur de Prince, Efcarlatte Rouge, Rofe-feiche, Incarnat, Coulombin, couleur de Rofe, Vergay,
Bleu, Turquin & Violet; Et encore de Teindre quatre Morceaux de
Ratine qui leur feront auffi fournis par lefdits Maiftres & Gardes
de la Draperie; Sçavoir : En Efcarlatte Rouge, Noir de Garence, Rouge Cramoify, & couleur de Penfée, lefquels Morceaux
ainfi Teints feront deflivrez par lefdits Teinturiers un mois aprés
qu'ils les auront receus, aufdits Maiftres & Gardes de la Draperie,
pour eftre iceux marquez des deux marques defdits Drapiers &
Teinturiers, puis coupez par moitié, l'une defquelles fera mife au
Bureau de la Communauté defdits Marchands Drapiers, & l'autre au Bureau defdits Teinturiers, pour y fervir de fonds d'Efchantillons de la bonne Teinture, dans la verification des fauffes ou
veritables Teintures des mefmes couleurs.

V.

ET pour mieux affeurer la perfection des Teintures du bon
Teint, eft enjoint à tous Maiftres Teinturiers dudit bon Teint, de
ne tenir en leurs Maifons, Magazins & Boutiques, autres Ingrediens pour la compofition des Teintures, que des Paftels, de Lauragais, Albigeois, & Languedoc, & d'autres lieux, Vouedé, Couperoze, Sumiac, Galle, Alefpine, & Dalep, Alun, Gravelle,
Tartre, Garence, Gaude, Cochenille, Graine d'Efcarlatte, Paftel
d'Efcarlatte, Arfenic, Agaric, Talmerital, Bourre de Chevre,

Cendre Gravellée, & Indigo ; deffenfes aux Teinturiers du petit
Teint, d'avoir aucuns defdits bons Ingrediens en leurs Maifons,
Boutiques & Magazins, fi ce n'eft de la Gaude ; Et à eux & aux
Teinturiers du bon Teint d'avoir en leurfdites Maifons, ny d'employer en la compofition de leurs Teintures aucuns Ingrediens
faux, comme Bois d'Inde, Brefil, Bois de Coimpefché, Bois Jaune, Fuftel, Tournefol, Rancour, Orfeille, & Safran Baftard ; &
d'en appliquer fur aucunes Marchandifes par eux Teintes, attendu que tels Ingrediens ne fervent qu'à faire de fauffes Teintures;
& ce à peine de confifcation defdits Ingrediens & des Marchandifes qui s'en trouveront Teintes, & chargez de trois cens livres
d'amende pour la premiere fois, & pour la feconde d'interdiction
de la Maiftrife, & d'eftre leurs Boutiques fermées ; & neanmoins
fans tirer à confequence, pourront lefdits Teinturiers du petit
Teint, employer defdits Bois d'Inde, Brefil & Orfeille, au Bifage
des Eftoffes & Marchandifes Gris meflez feulement, & non autres couleurs.

V I.

ET pour toûjours prevenir & empefcher les abus qui fe pourroient commettre aux Teintures, il eft deffendu à tous Teinturiers,
fans exception, d'avoir auffi en leurs Maifons & Magazins, ny
d'employer en leurs Teintures, de quelque Laine ny Eftoffes que
ce foit, de la Moullée des Taillandiers & Efmouleurs, Limailles de
Fer ou de Cuivre, Vieil Sommail qui a fervy à paffer les Maro-
quins, attendu que cela dégrade & empire les Eftoffes, les endur-
cift, & empefche qu'elles n'ayent l'œil & la perfection neceffaire,
à peine de confifcation defdites Drogues & Marchandifes aufquel-
les elles feront appliquées, cinq cens livres d'amende, & d'interdiction de la Maiftrife.

Drogues def-
fenduës.

V I I.

AFIN de pouvoir facilement connoiftre & diftinguer les Marchandifes Teintes avant le prefent Reglement d'avec celles qui
l'auront efté depuis ; & en conformité d'iceluy, un mois aprés la
publication des prefens Reglemens & Statuts, les Officiers de Police des Manufactures, ou autres par eux commis, affiftez des Maiftres & Gardes de la Draperie, & auffi affiftez fi bon leur femble
du Juré Teinturier en Charge feront conjoinctement, gratuite-

Marques de
toutes les
Marchandi-
fes Teintes
avant le pre-
fent Statut
pour preve-
nir les abus.

ment & fans frais, une Vifite generalle dans toutes les Maifons, Magazins & Boutiques des Marchands Drapiers, mefme en celles defdits Gardes en charge, & y marqueront d'une marque qui fera faite exprés tous les Draps & Serges teintes qu'ils y trouveront. Et par lefdits Officiers de Police, ou celuy qui fera par eux commis, affiftez des Maiftres & Gardes de la Mercerie, & du Juré Teinturier, il fera fait pareille vifite & marque de tous les Draps & Serges teintes qui feront dans les Magazins & Boutiques des Marchands Merciers, & des Marchands Privilegiez fuivans la Cour, fans exception; Et enfuite la figure de ladite marque fera empreinte fur les Regiftres des Communautez defdits Marchands Drapiers, Merciers & Teinturiers, puis rompuë & mife en pieces en la prefence de tous ceux qui auront fait lefdites Vifites, dont fera fait mention fur lefdits Regiftres.

VIII.

E T afin qu'aucun des Maiftres Teinturiers ne puiffent ignorer à l'avenir les Marchandifes qui doivent eftre teintes en bon teint, & les ingrediens qu'ils y doivent employer, & empefcher que le Public y foit trompé; toutes les Eftoffes cy-apres dénommées feront teintes en bon teint, & non autrement:

Sçavoir,

Marchandi-
fes de bon
Taint.

Les Draps d'une aulne & demie de largeur, ou d'une aulne un tiers, façon d'Efpagne & d'Hollande, Draps de Languedoc, Carcaffonne, Sedan, Abbeville, Dieppe, Fecan, Elbœuf, Draps du Sceau de Roüen, Draps de Vallongne, Cherbourg, Draps & Serges de la Province de Berry & Sollogne, Draps de Dreux, Serges de Segovie, de Limeftre, de Saint Lo & de Beauvais, Ratines & Droguets de laine fine, appellez Droguets demy foulez, Ratines larges & eftroites qui fe font en Normandie, & toutes autres Marchandifes de Draperie des meilleures qualitez & fabriques.

IX.

Noirs.

LES Noirs des Eftoffes de haut prix feront de fort Guefde, d'un bleu brun, nommé bleu pairs, pour la bonne qualité duquel il ne fera meflé que fix livres d'Indigo tout apprefté avec chacune balle de Paftel, lors que la Cuve fera adoux; c'eft à dire quand le Paftel commence à jetter une fleur bleuë, & fans qu'apres l'affiette de ladite Cuve, elle puiffe eftre réchauffee plus de deux fois;

puis

puis fera enfuite boüilly avec Alun, Tartre ou Gravelle, & apres garencé avec Garence commune, ou croufte de belle Garence, & parachevé en noir avec Noix de Galles, d'Alep, Couperofe & Sumiac, puis adoucis en les repaffant fur la gaude pour leur donner la perfection du Noir. Et afin que toutes lefdites couleurs foient belles & foûtenables en perfection, & empefcher que lefdits Draps ne teignent & ne noirciffent dans leur ufage, ceux qui les porteront, il eft enjoint à tous les Marchands de faire dégorger leurs Draps en blanc au Moulin à Foulon, avant que de les donner aux Teinturiers. Deffences aufdits Teinturiers de les guefder qu'ils ne foient dégorgez ; & apres eftre guefdez lefdits Teinturiers les fouleront aux pieds dans de l'eau, puis les garenceront, & apres qu'ils feront faits Noirs, les bien laver jufques à ce qu'ils ne poudrent plus ; à peine de Deux cens livres d'amende contre les contrevenans.

X.

E t pour faciliter les moyens de faire le dégorgement defdits Draps, les Juges de Police, chacun en l'eftenduë de leur Jurifdiction, où les Manufactures font eftablies, drefferont leurs Procez verbaux des Moulins à Foulon propres au dégorgement des Draps qui y font, & du nombre qu'ils y jugeront neceffaire ; comme auffi du lieu où l'on pourra commodement les faire baftir, & par eftimation raifonnable ; les frais qu'il conviendra faire pour leur conftruction : lefquels Procez verbaux ils enverront à Monfieur le Sur-Intendant & Ordonnateur general des Baftimens de fa Majefté, Arts & Manufactures de France, un mois apres la publication des prefens Statuts.

Moulins pour dégorger les Draps.

X I.

A l'égard des Eftoffes de prix mediocres, comme les petites Ratines & Revefches, Serges & Molletons d'Angleterre, Serges de Londres, d'Aumale, Amiens, Chartres, Moüy, Merlou, Ras de Châlons, Eftamines & Serges de Reims, toutes Serges d'eftaing feul, Camelots, Barracans, & autres de pareille qualité, enfemble les Couvertures, elles feront feulement guefdées & paffées en bleu, & enfuite parachevées en noir avec Galle & Couperofe. Et attendu que ces fortes de Marchandifes ne peuvent porter les frais d'eftre garencées, & que fans ladite garence elles feront de bon

De Bleu en Noir.

teint, en la maniere fufdite. Et feront auffi lefdites Eftoffes teintes de toutes autres couleurs en bon teint.

XII.

Blanc en Noir.

D E F F E N C E S à tous Teinturiers, fans exception, de teindre aucunes Eftoffes de Blanc en Noir, pour quelque caufe que ce foit, à peine d'interdiction de la Maiftrife, de confifcation defdites Eftoffes, & de Cinq cens livres d'amande pour chacune contravention.

XIII.

Efcarlatte rouge.

L'E S C A R L A T T E rouge fera teinte de graine d'Efcarlatte & de Vermillon, ou Paftel d'Efcarlatte ; & y pourront mefler Agaric & Arfenic.

XIV.

Efcarlatte Incarnatte cramoifie.

L'E S C A R L A T T E incarnatte cramoifie fera teinte avec Cochenille, Maëftreck & Eau forte, jufques à la quantité de deux onces pour chacune piece de Drap, Sel armoniac, Sublimé & Efprit de Vin pour donner le bel œil & le luftre.

XV.

Autres Efcarlattes cramoifies.

L E s Efcarlattes Violettes, Pourpres, Amarante, Rofe-feiche, Penfée, Gris de lin, Paffe-velours, Gris brun fur brun, Gris lavendez, Gris argentez, Gris vineux, Gris blanc, Gris de Ramier, d'Ardoifes & autres, le tout Cramoifi, feront teintes de Guefde ou Paftel avec Cochenille d'Inde pure, fans meflange de bois d'Inde, Brefil, ny Orfeille, ny autres ingrediens que fa Majefté deffend d'y employer, comme eftant de fauffes Teintures.

XVI.

Gris bruns, & autres couleurs.

L E s Gris bruns, minimes & tannez feront de Guefde plus clair qu'au Noir, boüilly un peu plus fort avec Alun & Gravelle, & garencez davantage qu'au Noir, afin que la couleur en foit plus belle, & y ajoûtant pour les Minimes de la Garence non robée. Et en cas que la Garence commune foit trop obfcure, il fera auffi moins bruny que le Noir, & feulement pour donner un bel œil. Et pour les Tannez leur fera donné une paffe de Cochenille. Deffences de teindre des Minimes avec de la racine de Noyer brunie fur le Noir, attendu que c'eft fauffe teinture. Et pour empef-
Marque en Bleu.
cher les abus qui s'y pourroient commettre, lefdites couleurs de Gris bruns, Minimes, Tannez & de Penfée, feront marquées en

Bleu ou Guefde ainfi que les Noirs par les Marchands Drapiers, en la maniere cy-aprés.

XVII.

Les Gris de Perle, de Caftor, & autres couleurs que celles cy-deffus, feront faites avec Galle, & Couperoze ; & quelques-unes feront commencées avec trés peu de Racine de Noyer, & achevées avec ladite Galle & Couperoze ; & pour les rendre meilleurs au fervice, ils feront repaffez fur des reftes de bains de Cochenille les plus foibles, puis paffez habillement.

XVIII.

Les couleurs de Roy & de Prince feront Guefdez & Garencez comme les Noirs.

Plufieurs Couleurs.

XIX.

Les Verts Herbus, Verts Guais, Verts Naiffans, Verts Jaune, Verts de Mer, & Vert Brun, feront Guefdez & parachevez de Gaude & de Picardie, Normandie, ou Champagne ; Deffenfe de donner la Gaude auparavant le Guefde ; attendu que le Pied & le fond en Bleu rend l'Eftoffe de meilleur ufé que celuy en Jaune.

XX.

, Les Celadons & Vert de Mer feront Guefdez auparavant que d'y donner la Gaude, fans qu'il foit befoin de les paffer fur le Noir ; Deffenfes expreffes d'employer à aucunes defdites couleurs du Bois d'Inde au Boüillon, ou aprés qu'ils font Gaudez , ny les Brunir fur le Bois d'Inde avec Verdet, ou fur le Bain reftant des Noirs, à peine de confifcation des Eftoffes, & de trois cens livres d'amende pour chacune contravention.

XXI.

Les Rouges ordinaires appellez Rouges de Garence feront Teints avec Garence pure, fans aucun meflange de Bois de Brefil, ny autres Ingrediens.

Rouges ordinaires.

XXII.

Les Efcarlattes anciennes, dites Efcarlattes de France, & des Gobelins feront faites de pure Graine d'Efcarlatte , qui vient de Languedoc & de Provence, fans meflange d'autres Ingrediens.

XXIII.

Les Rouges Cramoifis, Incarnats de Rofe de Chair, Fiamette, Fleur de Pefché & de Pommier, & de toutes autres couleurs

Rouges Cramoifis, & autres couleurs.

Cramoifies feront Teints fuivans leurs Nuances, de pure Cochenille Maëftreck, fans aucun meflange de Garence, Bourre, ny autres Ingrediens, comme autrefois, attendu que cela en diminuë la bonté; & à l'efgard du Rouge Cramoifi fera preparé avec Alun de Roche qui vient de Rome, & parachevé avec la Cochenille; Et pour les couleurs de Fleur de Pefché & de Pommier, afin de leur bailler l'œil requis pour fa perfection (qui doit eftre un peu violent) il leur fera donné un trés leger rabat, avec peu de Galle & de Couperoze, ou quelqu'autre legere façon.

XXIV.

LES Orangers, Ifabelle, Aurore, Gingerlins, Jaune Doré, couleur de Thuille & de Chamois, Peleure d'Ognon, feront Teints fuivans leurs Nuances de Gaude & Garencez.

XXV.

LES Bleus Bruns feront faits les premiers, & dans la force du Paftel, & les plus clairs feront faits en diminuant, à mefure que le Paftel s'affoiblira par le travail.

XXVI.

LES Jaunes Pafles, Citrons, & Souffres feront Teints avec Gaude.

XXVII.

LES couleurs d'Olives depuis les plus Bruns jufques aux plus Clairs eftans paffez en couleur de Vert, feront rabatus avec Suie de Cheminée, & felon l'œil qu'il leur faut, ou plus Clair, ou plus Brun, le Teinturier leur donnera le rabat.

XXVIII.

LES Füeilles Mortes, couleurs de Cheveux, couleurs de Mufc, de Noifette, de Canelle & de Roy, feront Teints avec Gaude & Garence.

XXIX.

Nacarats de Bourre. LES Nacarats appellez de Bourre, feront Teints de Gaude & de Bourre, de Poil de Chevre, fonduë avec Cendre Gravellée, deffenfes d'y employer du Fuftel, eftant un faux Ingredien, & pour remedier aux abus qui fe commettent aufdites Teintures de *Roze Iaune, Marque.* Nacarat, il eft enjoint aux Teinturiers de laiffer une Rofe Jaune à chaque bout de la piece de l'Eftoffe, & de ne la Teindre en Nacarat, qu'aprés qu'elles auront efté marquées en Jaune par

les

les Marchands Drapiers commis aux Visites des Teintures.

XXX.

NE pourront les Teinturiers du petit Teint, teindre autres Marchandises que Frizons, Tiretaines, petites Sergettes à doubler, façon de Chartres & d'Amiens, & autres telles petites Marchandises, jusques à quarante sols l'aune en Blanc, pour le plus haut prix ; comme aussi pourront Teindre en Gris Musc, & autres couleurs semblables, & non d'autres couleurs, toutes Estoffes servant de doubleure, & non à autre usage.

Estoffes de petit Teint.

XXXI.

DEFFENCES aux Maistres Tondeurs & autres, qui travaillent aux aprests des Draps d'employer aucunes Graisses que du Sain doux, attendu que cela empesche de bien recevoir la Teinture ; à peine de cent cinquante livres d'amende.

Tondeurs.

XXXII.

LES Laines destinées pour estre employées aux Tapisseries seront toutes teintes du bon Teint, de la mesme sorte cy-devant prescrite, pour les Estoffes de Draperie, à la reserve des Laines teintes en Noir, qui seront seulement de Guesde & Noircies.

Laines pour Tapisseries.

XXXIII.

LES Laines pour Noir destinées aux Manufactures de Draps & Serges pour mesler avec d'autres, seront Racinées de Racines de Noyer, ou Escorce de Noyer, avec Coques de Noix en suffisante quantité, comme les couleurs de Musc, & puis passez en Noir, & les Laines de ladite couleur de Musc, de Gris de Souris, & Tristamie pourront estre Teintes par les Drapiers Drapans, ou par les Teinturiers du petit Teint, sans neanmoins qu'ils y puissent contraindre lesdits Drapiers Drapans, ausquels il est laissé la liberté de les Teindre eux mesmes en leurs Maisons, ou les y faire Teindre en la maniere cy-dessus, & non autrement ; deffenses expresses d'employer ausdites Teintures de l'Escorce d'Aune, Moullée, Limaille de Fer, ou de Cuivre, ny du Bois d'Inde ; à peine de confiscation, & de cent cinquante livres d'amende, & d'interdiction de la Maistrise.

Laines Teintes du petit Teint, & par les Drapiers Drapans.

XXXIV.

ET pour donner un évident témoignage, que toutes les Estoffes seront Teintes de bon Teint & de bons Ingrediens, en la maniere cy-devant exprimée, tous Teinturiers laisseront au bout de

Roses au bout des Pieces pour empescher les fausses Teintures.

D

chaque piece defdites Eftoffes une Rofe de la grandeur d'un Efcu d'argent, de couleur Bleuë, ou Jaune, & de toutes les autres couleurs qui auront fervy de Pied & de Fonds à la Teinture defdites Eftoffes, & fi lefdites pieces d Eftoffes ne fe trouvoient entierement Teintes en Fonds, en conformité defdites Rofes, elles feront confifquées, & le Teinturier condamné en cinq cens livres d'amende, & interdit de la Maiftrife pour toûjours, comme un Trompeur public.

XXXV.

Litage des Eftoffes Teintes en Cramoifi.

POUR remedier encore avec plus de foin aux abus qui fe pourroient commettre aufdites Teintures, & en avoir des preuves évidentes & certaines, tous les Marchands Drapiers & autres qui donneront des Eftoffes pour Teindre en Efcarlatte, Violette, Penfée, Vert Brun, & Vert Gay, feront liter les pieces defdites Eftoffes, avant que de les bailler aux Teinturiers. Deffenfes aux Teinturiers de les recevoir, ny teindre, fi elles ne font litées, à peine de cent livres d'amende.

XXXVI.

Obfervation des Teintures.

TOUTES les Marchandifes feront Teintes fuivant & conformement aux precedens Articles, fans excufe ny exceptions quelconques, aux peines cy-devant dites, & de confifcation d'icelles, & de deux cens livres d'amende à l'égard de celles où les peines ne font exprimées.

XXXVII.

Defboüilly des Draps pour connoitre fi la Teinture en eft bonne.

POUR eftablir la preuve des bonnes ou mauvaifes Teintures des Eftoffes, & connoiftre clairement fi elles auront efté faites en conformité du prefent Reglement, & des Efchantillons qui auront efté mis au Bureau des Maiftres & Gardes de la Draperie, & des Teinturiers, ou s'il y aura efté contrevenu, celles qui feront faifies & accufées de fauffes Teintures par les Maiftres & Gardes de la Draperie, ou Jurez de la Teinture, le Defboüilly s'en fera par lefdits Gardes de la Draperie, ou Jurez des Teinturiers en la prefence de celuy fur lequel la faifie en aura efté faite, ou luy deuëment appellé pardevant le Juge de la Police, ou autre par luy commis, comme il fera dit cy-aprés.

PREMIEREMENT pour reconnoiftre fi lefdits Draps Noirs auront efté bien Guefdez & mis en Bleu fuivant le prefent Reglement, il fera couppé un Efchantillon de la piece, dont la Teinture fera en debat, & un morceau de l'Efchantillon qui aura esté mis au Bureau des Marchands Drapiers, ou des Teinturiers, & pris de l'alun de Rome aussi pesant que lesdits deux eschantillons, & pareille quantité de tartres de Montpellier, l'un & l'autre meslez ensemble, à proportion desquels eschantillons & drogues on mettra de l'eau süre dans un poißon, que l'on fera chauffer, & lors qu'elle commencera à boüillir (& non plûtost) lesdits eschantillons & drogues seront mises dans ledit poißon pour y boüillir pendant une demie heure, apres laquelle lesdits eschantillons seront tirez du poißon, pour estre confrontez l'un à l'autre.

Pour les Draps teints en surbrun ou minimes, le desboüilly s'en fera en la mesme maniere que dessus.

Pour desboüillir les Draps de haute couleur & reconnoistre s'ils sont de pure Cochenille, il ne sera mis qu'une once d'alun pour une livre de Drap. Quant aux autres couleurs, & principalement pour les verts, le desboüilly s'en fera comme des noirs & minimes. Toutes lesquelles observations seront exactement faites par lesdits Maistres & Gardes & Jurez, & par les Officiers de Police, pour estre fait droit sur la main-levée ou confiscation des Marchandises saisies, ainsi qu'il appartiendra par raison.

XXXVIII.

Pour obliger davantage les Maistres Teinturiers du bon teint à faire leur devoir & perfectionner leurs teintures, les Marchands Drapiers commettront l'un d'entr'eux (à commencer par le plus ancien qui aura passé en charge de Garde) pour aller en Visite chez lesdits Maistres Teinturiers, mesme chez les Jurez en charge, tous les jours de travail pendant quinze jours, pour voir & examiner les Ingrediens dont ils composeront leurs teintures, & les Marchandises par eux teintes, & si elles seront de la mesme qualité des eschantillons mis au Bureau de leur Communauté : A l'effet desquelles Visites, les Maistres & Gardes de la Draperie feront faire cinq Marques aux dépens de ladite Communauté, sur chacunes desquelles sera gravé le nom de la Ville où se feront lesdites teintures, & à l'entour ces mots ; sçavoir sur la premiere, Guesde pour passer en Garence ; sur la seconde, Guesde & Garence pour passer en Noir ; sur la troisiéme, Bleu pour passer en Noir ; sur la quatriéme, Gaude ; & sur la cinquiéme, Cramoisi : lesquelles marques seront mises avec des morceaux desdits eschantillons

Visites & Marque des Drapiers chez les Teinturiers.

entre les mains du Prepofé aufdites Vifites par lefdits Maiftres &
Gardes de la Draperie, afin d'en marquer fur un plomb les Marchandifes qui fe trouveront teintes defdites qualitez en conformité defdits efchantillons. Et pour connoiftre les noms de ceux qui
auront teint lefdites Marchandifes, tous les Maiftres Teinturiers
feront obligez d'avoir en leur maifon chacun une petite Enclume
fur laquelle fera gravé leur nom & furnom, afin que le Marchand
prepofé aux Vifites appliquant plomb à la tefte des pieces des
Marchandifes teintes, le nom du Teinturier qui les aura teintes y
foit imprimé par le deffous au mefme temps que la Marque defdits
Drapiers le fera par le deffus, quand elle fera pofée fur ledit plomb
& frappée d'un coup de marteau fur cette Enclume. Ne pourront
les Teinturiers garencer les Guefdes, qu'apres qu'ils auront efté
marquez en Guefde, ny paffer en Noir les Guefdes garencez qu'a-
pres qu'ils auront efté marquez en Guefdes garencez ; ny paffer
auffi les Bleus en Noir, qu'apres qu'ils auront efté marquez en
Bl u ; ny encores paffer des Gaudes en aucunes couleurs, qu'aprés
qu'ils auront efté marquez en Gaude , ny delivrer les Eftoffes
teintes en Cramoifi aux Marchands aufquels elles appartiendront,
qu'apres qu'elles auront efté marquées de ladite marque de Cramoifi ; Et ne pourront auffi lefdits Marchands retirer ny recevoir
aucunes Eftoffes des Teinturiers, qu'elles ne foient marquées defdites Marques, à peine de confifcation d'icelles. Et fi lefdites Teintures ne font de la qualité requife & conformes aufdits Efchantillons, les Marchandifes où elles auront efté appliquées feront faifies & confifquées par Officiers de Police, & les lizieres déchirées,
fauf aux Marchands aufquels elles appartiendront d'en repeter la
valeur contre le Teinturier qui les aura teintes, lequel fera en ou-
tre condamné en Cent cinquante livres d'amende. Et apres ladite
quinzaine fera nommé un autre Marchand pour vacquer aufdites
Vifites pendant le temps, & ainfi succeffivement & perpetuelle-
ment.

XXXIX.

Vifite du Iu-
ré Teintu-
rier.
LE Juré Teinturier vifitera auffi les autres Teinturiers, exami-
nera leurs teintures, & les Ingrediens dont elles auront efté com-
pofées ,enfemble les Eftoffes teintes ; & fi lefdites teintures ou Ingrediens font defectueux, ou qu'il s'en trouve de ceux prohibez

par

par le prefent Reglement, ils feront par luy faifis, & en dreffera fon rapport, qu'il prefentera le lendemain au Juge de la Police, pour en ordonner la confifcation s'il y efchet.

XL.

E t d'autant qu'il eft à craindre qu'aucuns des Marchands qui feroient prépofez aux Vifites des Teintures n'eftans affez connoif-fans de leurs defectuofitez, les Maiftres Teinturiers qui n'auroient l'intention de fe conformer au prefent Reglement s'en pourroient prevaloir pour faire de fauffes teintures, ou pour leur en ofter la connoiffance ils cacheroient les Eftoffes mal teintes lors des Vifi-tes qui fe feroient en leurs maifons ; & apres pour mieux couvrir leurs contraventions les delivreroient fecrettement aux Mar-chands pour lefquels ils les auroient teintes, & avec lefquels ils fe-roient d'intelligence par le bon marché qu'ils leurs feroient defdi-tes fauffes teintures, ou pour avoir moins de rifques d'eftre furpris dans le commerce defdites fauffes teintures, ils teindroient pour des Marchands d'autres Villes que celle de leur demeure, ou bien les Marchands des Villes frontieres du Royaume, pour avoir meil-leur marché de la teinture de leurs Marchandifes, pourroient les envoyer teindre de fauffes teintures dans les pays eftrangers qui leurs feroient voifins ; ou bien encores les Marchands eftrangers pourroient envoyer en France des Marchandifes de faux teint ; & par toutes ces fortes de voyes la fauffe teinture feroit toûjours en commerce, & empefcheroit le fuccez & la perfection de la bonne teinture, au grand prejudice du negoce des Manufactures de Fran-ce, dont le paffé & le prefent ne fourniffent que trop d'exemples de femblables abus pour en douter : Pour à quoy remedier tous les Draps & Serges de laines teintes, qui ne feront marquées à la marque des Marchands Drapiers & du Juré Teinturier, ainfi que dit eft cy-devant, feront confifquées ; Deffences aux Teinturiers de les delivrer aufdits Marchands ; & aufdits Marchands de les recevoir ny expofer en vente ; & à toutes perfonnes de les acheter, qu'apres que lefdites marques y auront efté appofées, à peine de Deux cens livres d'amande contre chacun des contrevenans, au payement de laquelle ils feront contraints fans déport. Et pour connoiftre fi les Marchandifes foraines auront efté marquées, & fi la marque de la bonne teinture y aura efté fidelement mife, en-

*Vifite &
Marque des
Marchandi-
fes Foraines
& Eftrange-
res.*

E

femble fi celles qui auront efté teintes dans les pays eftrangers font de bon teint, les unes & les autres defdites Marchandifes, fans exception, feront veuës & vifitées par les Maiftres & Gardes de la Draperie, qui fe feront accompagner, fi bon leur femble, par le Juré Teinturier defdites Villes où lefdites Marchandifes feront apportées pour y eftre debitées, & par eux marquées de leur marque, fi le teint en eft bon ; & fi il eft faux, elles feront faifies & mifes en fequeftre, & la confifcation jugée par le Juge de Police, & les lizieres déchirées. Et pour faciliter lefdites Vifites, feront lefdites Marchandifes (excepté celles qui feront apportées aux Foires) directement menées & déchargées aux Halles, ou autres lieux defdites Villes deftinez pour les Vifites defdites Marchandifes, & y eftre laiffées pendant trois jours feulement ; apres toutesfois qu'elles auront paffé par les Bureaux de fa Majefté, & acquitté les droits qui y feront deubs. Deffences aux Marchands Drapiers, Merciers & Privilegiez fuivant la Cour, & à tous autres fans exception, de faire décharger, ny recevoir lefdites Marchandifes en leurs Maifons, Boutiques & Magazins, qu'apres qu'elles auront efté vifitées & marquées comme dit eft, à peine de confifcation d'icelles, Mil livres d'amende, & de tenir leur Boutique fermée pendant fix mois.

XLI.

L E s Draps & Serges de laines teintes qui feront apportées aux Foires, y feront veuës, vifitées & marquées par les Maiftres & Gardes de la Draperie du lieu où fe tiendra lefdites Foires, accompagnez, fi bon leur femble, du Juré Teinturier, qui fera obligé de s'y rendre gratuitement & fans frais, lors qu'il en fera requis. Deffences de vendre, acheter ny enlever lefdites Marchandifes qu'apres ladite vifite & marque, à peine de confifcation d'icelles fur ceux qui s'en trouveront faifis.

XLII.

L E s Gardes de la Draperie en charge tiendront les Halles & autres lieux deftinez aux Vifites des Marchandifes bien clos & fermez, pour la feureté des Marchandifes qui y feront déchargées, à peine de répondre en leurs privez noms des pertes qui en pourroient arriver : Et fera tenu bon & fidel Regiftre par le Clerc defdits Gardes ou Jurez, ou autre perfonne par eux prepofée de toutes les Marchandiſes qui y auront eſté déchargées, des Noms des Marchands auſquels elles appartiendront, du jour deſ-dites décharges, & de celuy qu'elles leur auront eſté renduës, en payant un ſol pour piece ſeulement, ſans que ledit Droit puiſſe eſtre augmenté pour quelque cauſe que ce ſoit.

XLIII.

LESDITS Maiſtres & Gardes Drapiers, & le Marchand Drapier prepoſé pour les Viſites, enſemble le Juré Teinturier faiſans leurſ-dites Viſites, tous les Marchands de l'une & l'autre Communauté deſdits Drapiers & Teinturiers ſeront tenus d'ouvrir leurs Mai-ſons, Magazins, & Boutiques, pour laiſſer vacquer auſdites Viſi-tes paiſiblement ; S'ils en eſtoient refuſans, pourront leſdits Gar-des & Jurez faire l'ouverture par le premier Serrurier, ſaiſir & enlever leſdites Marchandiſes dont les Teintures ſeront deffec-tueuſes, comme auſſi les Ingrediens & Matieres deffenduës, ou qui ne ſeront de la qualité requiſe pour les bonnes Teintures ; Ce qu'ils pourront faire en vertu du preſent Article, collationné par un Conſeiller & Secretaire de ſa Majeſté, ſans demander Viſa, ny Pareatis à aucuns Juges, & nonobſtant oppoſitions & appellations quelconques : Et ſi beſoin eſt ſe pourront leſdits Gardes & Juré faire aſſiſter d'un Officier de Juſtice, pour leur donner aide & main forte contre les Contrevenans, qui ſeront condamnez en telle amende & reparation qu'il appartiendra, nonobſtant tous Arreſts, Statuts, Reglemens, Edits, Declarations & autres cho-ſes à ce contraires, auſquelles ſa Majeſté a dérogé & déroge pour ce regard.

Ouvertures des Boutiques & Maga-zins pour fai-re les Viſites.

POLICE DES MAISTRES ET
Aprentifs Teinturiers.

XLIV.

NUL ne ſera receu à la Maiſtriſe qu'il n'ait fait Aprentiſſage chez un Maiſtre Teinturier en bon Teint, & demeuré actuellement au ſervice de ſon Maiſtre l'eſpace de quatre années entiers & conſecutifs, & ſervy trois autres années en qualité de Compagnon, comme il ſera dit cy-aprés ; dont ſera paſſé Brevet pardevant Notaires, qui ſera enregiſtré ſur le Regiſtre de la Com-munauté.

Aprentiſſa-ge.

XLV.

A u c u n Maiſtre ne pourra prendre plus de deux Aprentifs, &
avant la paſſation du Brevet, ſera tenu de s'informer ſi led. Aprentif
eſt de bonne vie & mœurs, & huit jours aprés la fin de l'Aprentiſſa-
ge ledit Maiſtre fera faire à ſes frais une experience de Teinture à
ſon Aprentif en preſence du Juré en charge, aprés laquelle ledit
Aprentif ſera Enregiſtré au Livre des Compagnons, pour lequel
enregiſtrement, il payera au Juré en charge trente ſols ; Et ne
pourront leſdits Maiſtres obliger autres Aprentifs, qu'ils n'ayent
fait faire leſdites experiences à ceux qui auront fait leur temps, à
peine de vingt quatre livres d'amende.

Aprentiſſa-
ge.

XLVI.

N e pourront leſdits Aprentifs s'abſenter de la maiſon & ſervice de leurs Maiſtres pendant leſdites quatre années, ſans cauſe legitime, & jugée telle par le Juge de Police : Et en cas de contravention, permis à leurs Maiſtres de les faire arreſter par tout où ils
les trouveront, en vertu des preſentes, pour leur faire parachever
leur temps ; ſinon les ſommer par Acte parlant à leur perſonne,
ou au Domicille par eux éleu, ou à celuy de leurs Cautions, qu'ils
ayent à continuer leurs ſervices ; Et aprés avoir attendu un mois
pourra les faire rayer ſur le Livre de la Communauté, & en prendre d'autres en leur place, ſans qu'aprés cela leſdits Aprentifs qui
auront quitté puiſſent ſe prevaloir du temps qui ſe ſera écoulé
pendant leur abſence, & premier Aprentiſſage ; & ſauf auſdits
Aprentifs à s'obliger de nouueau à un autre Maiſtre pour le meſme temps de quatre années.

Aprentiſſa-
ge.

XLVII.

C o m m e auſſi le Maiſtre ne pourra congedier ſon Aprentif
ſans cauſe legitime jugée telle par ledit Juge de Police, ny en prendre un autre, s'eſtant abſenté, que le mois cy-deſſus dit ne ſoit ex-
piré, à peine de trente livres d'amende ; Et arrivant qu'aucun
Maiſtre vint à s'abſenter de la Ville où il faiſoit ſa demeure, & ceſ-
ſer ſon travail, il ſera pourveu d'un autre Maiſtre audit Aprentif
un mois aprés.

Aprentif.

XLVIII.

L e s Maiſtres dudit Corps ne pourront débaucher ny attirer
chez eux l'Aprentif ou Compagnon d'un autre Maiſtre, ny luy
donner

Aprentifs &
Compagnõs.

donner de l'employ directement ny indirectement, à peine de soixante livres d'amende.

XLIX.

A u c u n ne fera receu Maiftre Teinturier de bon Teint pour *Reception de* exercer ledit Art de Teinturier, & tenir Ouvroirs qu'il n'ait efté *Maiftre.* comme dit eft Aprentif & Compagnon l'efpace de fept années chez les Maiftres de bon Teint, qu'il ne foit de bonne vie & mœurs, ou s'il n'a Privilege particulier, & fait Chef-d'œuvre en prefence du Juré en charge, & de deux autres Maiftres des plus anciens dudit Corps, fi tant y en a.

L.

L e Chef-d'œuvre fera fait dans la Chambre de la Communauté *Qualité du* des Teinturiers de bon Teint, ou en la maifon du Juré en charge, *Chef-d'œu-* & fera compofé par ledit Afpirant à la Maiftrife de quatre Balles *vre.* de Paftel, de Lauragais, ou autre de Languedoc, qui fera mis dans une Cuve pour le preparer, & en tirer la Teinture de Bleu que ledit Paftel produit, depuis la Nuance la plus Brune jufques à la plus Claire, & l'appliquer fur des Eftoffes de Draperie, & ce durant l'efpace de fix jours entiers & confecutifs, fans que ledit Chef-d'œuvre puiffe durer plus long-temps; & eftant fait, veu, vifité, & reconnu bon, par le Juré en charge & deux autres an-ciens Maiftres, fi tant y en a, l'Afpirant fera receu à ladite Maiftri-fe, & preftera le ferment pardevant le Juge de Police, aprés quoy fes Lettres de reception à ladite Maiftrife luy feront délivrées, en payant les Droits accouftumez; Deffenfes audit Afpirant de faire aucun feftin, & aux Juré & Maiftres dudit Art, & tous autres d'en recevoir pendant ledit Chef-d'œuvre devant ny aprés, à peine de fufpenfion de ladite Maiftrife pour un an, & de cent livres d'amen-de contre chacun des Contrevenans, dont fera délivré executoire par le Juge de Police, aprés la preuve fommaire qu'il fera tenu d'en faire fur la plainte ou denonciation qui luy en aura efté faite; & s'il arrivoit conteftation pour la reception dudit Chef-d'œuvre, il fera veu & vifité par les Juges de Police, ou autres par eux nom-mez & commis pour cét effet.

LI.

P o u r faire ledit Chef-d'œuvre, l'Afpirant à la Maiftrife fera *Frais du* l'achapt dudit Paftel de fes deniers en prefence du Juré en charge, *Chef-d'œu-* *vres*

& fi lefdites Marchandifes qui feront par luy Teintes eftoient ga-
ftées en la Teinture, ledit Afpirant defdommagera ceux aufquels
elles appartiendront.

LII.

Reception de fils de Mai-ftre.

LES Fils de Maiftres feront receus à ladite Maiftrife pardevant
le Juge de la Police, en la maniere accouftumée, faifant une experience de bonne Teinture, l'efpace de deux jours feulement, en
prefence du Juré en charge, & de deux anciens qui auront paffé
par les charges, fi tant y en a, & auffi en fatisfaifant aux Droits ordinaires.

LIII.

Suppreffion des Lettres de Maiftrife.

ET parce que la Teinture eft un Art qui ne fe peut apprendre
que par un long travail & beaucoup d'experience, au fujet de
quoy par les Lettres patentes du mois de Septembre mil fix cens
cinquante-fix, Regiftrées au Parlement de Paris, toutes les Lettres de Maiftrifes dudit Art de la Teinture de la Ville de Paris auroient efté caffées & revoquées; & ordonné que d'orefnavant nul
ne pourra eftre Maiftre dudit Art de la Teinture qu'il n'ait fuby
l'examen, & fait l'experience pardevant les Jurez, & fatisfait aux
Reglemens: En confequence defdites Lettres patentes, nul ne
pourra cy-aprés eftre receu Maiftre dudit Art de Teinturier du
bon Teint, en quelque lieu que ce foit du Royaume, qu'aprés
avoir efté Aprentif & Compagnon pendant fept années, & fait
Chef-d'œuvre, en la maniere dite cy-devant. Et neantmoins fi
des Teinturiers Eftrangers venoient s'eftablir en France, Sa
Majefté y pourvoira ainfi qu'elle verra eftre à faire.

LIV.

Veufves des Maiftres.

LES Veufves defdits Maiftres Teinturiers de la bonne Teinture pourront continuer leur negoce & Art de ladite Teinture,
tenir Ouvroirs, & faire travailler chez Elles, tout ainfi & de mefme que pouvoient faire leurs deffunts maris, fans qu'elles puiffent
affocier perfonne avec elles, finon les Maiftres dudit Corps, ny
faire aucuns Aprentifs, mais feulement pourront faire parachever
en leurs maifons les Aprentiffages commencez & paffez avec
leurs maris: Et en cas que lefdites Veufves quittaffent ledit Art de
Teinture, elles feront tenuës de remettre les Brevets & Appren-
tifs entre les mains du Juré en charge, pour leur eftre pourveu d'un
autre Maiftre, & achever de le fervir le temps porté par lefdits
Brevets.

LV.

LESDITES Veufves & Filles de Maiftres efpoufant un Compagnon dudit Art de Teinturier de bon Teint, il fera affranchy du
temps qu'il feroit obligé de fervir les Maiftres, fuivans les prefens
Statuts, en faifant neanmoins le Chef-d'œuvre lors de leur reception à la Maiftrife, en la maniere cy-devant dite; & ne payeront
autres Droits que ceux que payent les Fils de Maiftres.

*Veufves &
Filles de
Maiftres.*

LVI.

AUCUNS defdits Maiftres, ny leurs Veufves ne pourront
occuper plus d'une Maifon, Boutique, ou Ouvroirs de Teintures, & pourront mettre au devant defdites Boutiques des Toil-
les, Tapis, Eftallages deppendans dudit Art, fans qu'ils puiffent prefter leur nom à qui que ce foit, fous pretexte de parenté
ou autrement, ny affocier avec eux aucun qui ne foit Maiftre de la
Communauté, à peine de cinq cens livres d'amende ; Et pourront
auffi faire attacher à leurfdites Maifons des Perches pour tendre
fur ruë les Eftoffes & Ouvrages qu'ils auront Teints, lefquelles
Perches ne pourront paffer la moitié de la ruë, & les Eftoffes &
Ouvrages qu'ils auront Teints, ne pourront defcendre qu'à trois
toifes prés de terre, fuivant l'Arreft du Parlement de Paris, le di-
xiéme Mars mil fix cens dix.

*Boutiques
Eftallages &
Perches fur
ruë.*

LVII.

LES Jurez en charge auront un Regiftre qui fera actuellement
dans la Chambre de la Communauté, fur lequel ils tranfcriront
les prefens Statuts & Reglemens, pour y avoir recours quand befoin fera ; & feront lefdits Jurez imprimer aux frais de leur Communauté lefdits prefens Statuts & Reglemens, & en delivrer gra-
tis une copie, pour une fois feulement à chacun Maiftre dudit
Corps un mois aprés la publication d'iceux, dont lefdits Maiftres
figneront la reception fur ledit Regiftre, afin qu'ils ne les puiffent
ignorer ny excufer fur les contraventions qu'ils y pourroient faire,
le tout à peine de cent livres d'amende.

*Regiftre de la
Communauté
& délivran-
ce de Copie
des Statuts.*

LVIII.

LESDITS Jurez en charge s'affembleront en la Chambre de
leurdite Communauté, tous les premiers Lundis du mois, à deux
heures de relevée, & plus fouvent s'il eft befoin, pour conferer
des affaires de ladite Communauté, oüir les Denonciations &

*Affemblées
au Bureau.*

plaintes qui leur feront faites par les Aprentifs & Maiftres Compagnons touchant le fait de la Teinture circonftances & dependances d'icelle, pour eftre reiglées à l'amiable par lefdits Jurez en charge, qui feront tenus d'en donner leur avis par efcrit, auquel les parties feront obligez de déferer, fi mieux n'aiment payer par forme de peine la fomme de dix livres (qui fera employée pour les affaires dudit Corps) lequel avis les Appellans feront tenus de rapporter avec la quittance de ladite fomme de dix livres, avant que d'eftre receus à fe pourvoir contre iceluy.

LIX.

Affemblées de Maiftres pour affaires importantes.

ET au cas qu'il arrive quelques affaires importantes concernant ledit Corps & Communauté, qui pûft donner occafion de procez, ou avoir d'autres fuites de confequence, les Jurez en charge feront affembler en leur Chambre le plus grand nombre des Maiftres dudit Corps qui leur fera poffible, du moins celuy de cinq, fi tant y en a, aufquels ils propoferont les affaires dont il s'agira, pour les refoudre à la pluralité des voix, & ce qui fera ainfi refolu, fera tranfcript fur ledit Regiftre de la Communauté, & executé par tous les Maiftres dudit Corps, comme fi tous y avoient affiftez.

LX.

Preference aux Teinturiers.

Si les Marchandifes Teintes venoient à eftre faifies & venduës fur ceux qui les auront fait Teindre, les Maiftres Teinturiers feront payez par preference à tous Creanciers, fur les deniers en provenans des fommes qui leur feroient deuës pour lefdites Teintures, des deux dernieres années feulement, pourveu que les parties en foient arreftées, attendu que c'eft œuvre de main, & que lefdites Teintures augmentent le prix defdites Marchandifes, & pour le furplus de leur deub y viendront par contribution.

LXI.

Amandes.

TOUTES les Amandes qui feront adjugées en confequence des prefents Statuts & Reglemens, & pour les contraventions à iceux, feront applicables; Sçavoir, moitié à fa Majefté, un quart aux Gardes de la Draperie, ou au Juré Teinturier qui auront fait faire la Saifie, & l'autre quart aux Pauvres de l'Hofpital du lieu ou les Jugemens feront rendus.

LXII.

LXII.

ET pour connoiftre fi les Gardes des Marchands Drapiers & le Juré Teinturier fe feront bien acquittez du devoir de leurs commiffions, & exactement executé les prefens Reglemens & Statuts; & pour rechercher d'autant plus les moyens de perfectionner les Teintures, attendu qu'en icelles confiftent la beauté, le bon ufage & le debit des Marchandifes de Draperie, Sergeterie & autres Eftoffes de Laine dans toutes les Villes du Royaume, où il y a & aura cy-apres Corps & Communauté de Teinturiers, Les Officiers de Police des Arts & Manufactures defdites Villes feront affembler pardevant eux, aux lieux ordinaires & accouftumez pour les Affemblées, au mois de Janvier de chacune année, les Gardes en charge des Marchands Drapiers, & Juré Teinturier, avec ceux qui feront fortis de Charge l'année precedente, & fix autres perfonnes de l'une & l'autre Communauté, tels qu'ils les voudront choifir, enfemble deux Notables Bourgeois, afin que lefdits Gardes & Jurez en charge informent l'Affemblée de l'eftat auquel feront lefdits Teinturiers, de leur progrés, des moyens qu'ils jugeront neceffaires pour leur perfection, & de l'obeïffance ou des contraventions qu'ils auront remarquées avoir efté faites aux prefens Statuts, & les remedes qu'il conviendra d'y apporter, pour eftre fur le tout par ladite Affemblée donné fon avis de ce qu'elle jugera le plus utile & raifonnable pour le bien Public & le Commerce des Marchandifes qui paffent par la Teinture. Et le lendemain de ladite Affemblée, lefdits Officiers de Police, affiftez defdits Gardes & Jurez, fe transporteront dans les Maifons, Ouvroirs & Magazins defdits Teinturiers, pour y faire examiner en leur prefence la qualité des Matieres & Ingrediens que lefdits Teinturiers employeront dans leurs Teintures, & fe faire reprefenter les Efchantillons de bon teint, & les Marques deftinées pour marquer lefdites Marchandifes teintes, afin de voir fi le tout fera en conformité de ce qui a efté ordonné par les prefens Statuts : Ce fait, en dreffer leur Procez verbal, & fur le tout ordonner ce qu'il appartiendra par raifon, dont fera fait mention fur les Regiftres des Communautez defdits Marchands Drapiers & Teinturiers, & donné avis par lefdits Officiers de Police au Surintendant des Arts & Manufactures de France un mois apres lefdites Affemblées. Le tout gratuitement & fans frais.

Affemblée pour la Police des Teintures par chacune année.

G

Arreſt de Renvoy à Meſſieurs les Officiers de la Police de Paris des Statuts pour la Teinture.

Extrait des Regiſtres du Conſeil d'Eſtat.

L E Roy ayant fait rechercher des moyens neceſſaires pour perfectionner les Manufactures des Draps & Serges de Laine qui ſe font dans ſon Royaume, afin d'en augmenter le Commerce pour l'utilité de ſes Sujets ; il auroit eſté propoſé à Sa Majeſté par les Marchands Drapiers & Sergers de pluſieurs Villes où leſdites Manufactures ſont eſtablies, divers Reglemens & Statuts pour leur fabrique, leſquels Sa Majeſté auroit approuvez, & ſur iceux fait expedier les Arreſts de ſon Conſeil & ſes Lettres Patentes pour les authoriſer : Mais comme les Teintures deſdites Manufactures ne ſont pas de moindre conſequence au Public que la fabrique & conſtruction d'icelles, l'une & l'autre eſtant neceſſaires pour leur beauté & bon uſage, les Maiſtres & Gardes des Marchands Drapiers de la Ville de Paris qui en font le plus grand commerce, auroient repreſenté à Sa Majeſté les abus qui ſe commettent auſdites Teintures, & les moyens pour y remedier, qui ſont amplement contenus en ſoixante-deux Articles qu'ils ont dreſſez pour ce ſujet, dont ils demandent l'approbation de Sa Majeſté, & qu'il luy plaiſe faire expedier ſes Lettres Patentes ſur iceux en forme de Statuts & Reglement general. A quoy ſa Majeſté deſirant pourvoir, avec une parfaite connoiſſance : Ouy le Rapport du Sieur Colbert, Conſeiller ordinaire de Sa Majeſté en ſes Conſeils, & Controlleur general de ſes Finances : SA MAJESTE' en ſon Conſeil Royal de Commerce, a renvoyé & renvoye leſdits Articles au Lieutenant du Prevoſt de Paris pour la Police, & au Procureur de Sa Majeſté au Chaſtelet, pour y donner leurs Avis, & iceux veüs & rapportez audit Conſeil, eſtre pourveu ainſi qu'il appartiendra par raiſon. FAIT au Conſeil d'Eſtat du Roy, tenu à Saint Germain

en Laye, le vingtiéme jour de May, mil six cens soixante - neuf.
Signé, BECHAMEIL.

EU par Nous GABRIEL NICOLAS DE LA REYNIE, Conseiller du Roy en ses Conseils d'Estat & Privé, Maistre des Requestes ordinaire de son Hostel, & Lieutenant de Police de la Ville, Prevosté & Vicomté de Paris, & ARMAND JEAN DE RIANTZ, aussi Conseiller du Roy en ses Conseils, & son Procureur au Chastelet de Paris, les Articles cy-dessus transcrits au nombre de soixante-deux, presentez à Sa Majesté par les Maistres & Gardes de la Draperie de cette Ville de Paris, à ce qu'il luy pleust les approuver, & faire expedier ses Lettres Patentes sur iceux en forme de Statuts & Reglement general pour les Teintures en grand & bon Teint des Draps, Serges & Estoffes de Laine, uniformement, qui se Manufacturent dans le Royaume; L'Arrest du Conseil du vingtiéme May dernier, par lequel le Roy en son Conseil Royal de Commerce nous a renvoyé lesdits Articles, pour sur iceux donner nostre avis; La Requeste à nous presentée par ledit Procureur du Roy, par laquelle il nous auroit requis, avant que donner nostre avis, que six Marchands Drapiers de cette Ville de Paris, & quatre anciens Maistres Teinturiers, fussent ouïs pardevant Nous en sa presence sur lesdits Articles; à quoy ayant esté satisfait:

NOSTRE AVIS EST, sous le bon plaisir de Sa Majesté, Que lesdits Articles sont utiles au Public, & tres necessaires pour le restablissement & perfection des Teintures des Estoffes, Marchandises & Manufactures de Laine qui sont fabriquées en France, tant pour l'usage & consommation qui s'en fait dans le Royaume, que pour en augmenter le debit dans les Pays étrangers. FAIT à Paris le treiziéme de Juillet mil six cens soixante-neuf.

Signé, DE LA REYNIE.　　DE RYANTZ.

LETTRES PATENTES SVR LE
Reglement General des Teintures des Manufactures de Laine & de Fil.

OUIS PAR LA GRACE DE DIEU Roy de France et de Navarre: A tous preſens & à venir, Salut. Les Maiſtres & Gardes des Marchands Drapiers de noſtre bonne Ville de Paris Nous ayans remonſtré, Que l'abus qui ſe commet aux Teintures des Draps & Serges qui ſont manufacturées dans noſtre Royaume eſt ſi grand & de telle conſequence à noſtre Eſtat, qu'à ce ſujet le Negoce qui ſe faiſoit deſdites Manufactures dans le Levant a ceſſé entierement depuis quelques années, & celuy qui s'en fait dans noſtre Royaume a diminué de plus de moitié, & à cette proportion le Commerce des Marchandiſes étrangeres de meſme eſpece s'y eſt augmenté : Ce qui procede particulierement de la mauvaiſe compoſition deſdites Teintures & des faux Ingrediens que les Maiſtres Teinturiers y meſlent : Pour à quoy remedier leſdits Maiſtres & Gardes de la Draperie nous auroient preſenté des Articles en forme de Statuts, Ordonnances & Reglemens pour les Teintures en grand & bon teint de toutes leſdites Manufactures de Laine, leſquels ils nous ont tres-humblement ſupplié de vouloir aprouver, & ſur iceux faire expedier nos Lettres à ce neceſſaires. A CES CAUSES, De l'avis de noſtre Conſeil Royal de Commerce, qui a veû & examiné leſdits Articles au nombre de Soixante-deux ; L'Arreſt de noſtredit Conſeil du vingtiéme May dernier, portant renvoy d'iceux au Lieutenant de Police, & à noſtre Procureur au Châtelet

telet de Paris, pour y donner leur avis ; ledit Avis estant au bas desdits Articles du treiziéme Juillet dernier ; le tout cy attaché sous le contre-scel de nostre Chancellerie : Nous AVONS par ces presentes signées de nostre main , & de nostre grace speciale, pleine puissance & authorité Royalle , approuvé & confirmé , approuvons & confirmons lesdits Articles de Statuts , Ordonnances & Reglemens pour les Teintures du grand & bon Teint des Manufactures de Laine & de Fil ; Voulons que dans toute l'estenduë de nostre Royaume , Terre & Seigneurie de nostre obeïssance, ils soient gardez, observez & executez de point en point selon leur forme & teneur : SI DONNONS EN MANDEMENT à nos Amez & Feaux Conseillers les Gens tenans nostre Cour de Parlement de Paris, que ces presentes, & lesdits Articles de Statuts & Reglemens, ils fassent lire , publier, registrer , garder & observer , sans y contrevenir ny souffrir qu'il y soit contrevenu, Nonobstant toutes choses à ce contraires, ausquelles nous avons dérogé & dérogeons. Et parce que des presentes, & desdits Statuts & Reglemens , l'on pourroit avoir affaire en plusieurs lieux, Voulons qu'aux copies collationnées d'iceux, par l'un de nos Amez & Feaux Conseillers & Secretaires , foy sera adjoutée comme aux Originaux : CAR tel est nostre plaisir. Et afin que ce soit chose ferme & stable à toûjours, Nous avons fait mettre nostre scel à cesdites presentes. DONNE' à Saint Germain en Laye , au mois d'Aoust , l'an de grace mil six cens soixante-neuf : Et de nostre regne le vingt-septiéme, Signé , LOUIS , *Et sur le reply* , Par le Roy , COLBERT. Et seellées du grand Sceau de cire verte , en lacs de Soye rouge & verte ; *Et à costé* ; Visa , SEGUIER , *Pour servir aux Lettres Patentes en forme d'Edit portant Rglement pour les Teintures en grand & bon Teint des Manufactures de Laine & de Fil.*

*L*Euës , *publiées & registrées , Oüy & ce requerant le Procureur General du Roy , pour estre executées selon leur forme & teneur.*

A Paris en Parlement, le Roy y séant en son Lict de Iustice, le 13.
Aoust 1669. Signé, Du Tillet.

Collationné aux Originaux par moy Conseiller, Secretaire
du Roy, Maison, Couronne de France & de ses Finances,